ZÄHLEN LERNEN

Dieses Buch gehört

_____

Die deutsche Ausgabe erscheint bei:
Parragon Books Ltd
Queen Street House
4 Queen Street
Bath BA1 1HE, UK

Realisation der deutschen Ausgabe:
trans texas publishing, Köln
Übersetzung: Wiebke Krabbe
Projektmanagement: bieberbooks

ISBN: 978-1-4075-8842-1
Printed in China

Liebe Eltern,

Disney Lernspaß unterstützt Kinder im
Vor- und Grundschulalter beim Lernen.
Vielseitige Aufgaben, deren Schwierigkeits-
grad in jedem Buch allmählich ansteigt,
helfen Ihrem Kind dabei, den Anforderun-
gen der Schule besser gerecht zu werden.
Interaktive Sticker, Spiele, Ziffernkarten und
mehr machen das Lernen und Üben leicht.
Mit spielerischen Aufgaben lernt Ihr Kind, die
Zahlen von 0 bis 10 sicher zu erkennen und zu schreiben.

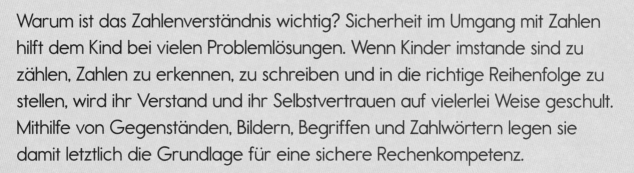

Warum ist das Zahlenverständnis wichtig? Sicherheit im Umgang mit Zahlen
hilft dem Kind bei vielen Problemlösungen. Wenn Kinder imstande sind zu
zählen, Zahlen zu erkennen, zu schreiben und in die richtige Reihenfolge zu
stellen, wird ihr Verstand und ihr Selbstvertrauen auf vielerlei Weise geschult.
Mithilfe von Gegenständen, Bildern, Begriffen und Zahlwörtern legen sie
damit letztlich die Grundlage für eine sichere Rechenkompetenz.

Gehen Sie einfühlsam mit der Leistungsfähigkeit Ihres Kindes um und
versuchen Sie, es weder zu unter- noch zu überfordern. Lernen ist eine
Herausforderung, doch der Spaß darf nicht zu kurz kommen. Nur dann
wird Ihr Kind Lust haben, immer mehr zu lernen.

Unterstützen Sie Ihr Kind beim Durcharbeiten des **Disney Lernspaß**
und helfen Sie ihm, sicher und selbstständig zu lernen.

Wir lernen Zahlen

Wir gehen mit Dir auf ein großes Zahlenabenteuer! Wo kann man Zahlen überall finden? Sind sie in der Küche, im Bad oder im Schlafzimmer?
Dieses Buch hilft Dir, Zahlen von 0 bis 10 zu zählen und aufzuschreiben.

Viel Spaß dabei!

Ele, mele, Micky Maus,
Willkommen im Clubhaus!

Micky sagt: „Ich suche Pluto.
Meinst du, er ist ins Clubhaus gegangen?
Komm, wir sehen nach."

Micky sagt: „Wie viele Freunde sind gekommen?
Hier sind Goofy, Donald, Minni, Daisy
und ich – das sind fünf. Aber Pluto ist nicht da.
Wo mag er nur sein?"

Minni sagt: „Pluto kommt bestimmt
auch bald ins Clubhaus. Komm, wir spielen
Zahlenspiele, während wir auf ihn warten."

Wir lernen die Zahl 1

Male die Zahl 1 mit dem Finger: schräg aufwärts, gerade abwärts.

Schreibe die Zahl 1. Fang immer am grünen Punkt an. Sage beim Schreiben den Namen der Zahl.

Übe weiter, die Zahl 1 zu schreiben.

10

Zähle **1** Hut.

Kreise ein: Wo ist **1** einzelner Hut zu sehen?

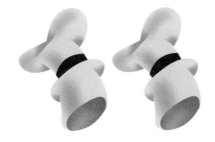

Zeichne **1** Mütze auf Goofys Kopf.

Wir lernen die Zahl 2

Male die Zahl 2 mit dem Finger: einen Bogen, schräg abwärts und gerade zur Seite.

Schreibe die Zahl 2. Fang jeden Strich am grünen Punkt an. Sage beim Schreiben den Namen der Zahl.

Übe weiter, die Zahl 2 zu schreiben.

Zähle **2** Freunde.

Kreise ein: Wovon sind **2** zu sehen?

Zeichne **2** Drachen.

Male die Zahl 3 mit dem Finger: einen Bogen und gleich noch einen.

Schreibe die Zahl 3. Fang jeden Strich am grünen Punkt an. Sage beim Schreiben den Namen der Zahl.

Übe weiter, die Zahl 3 zu schreiben.

14

Zähle **3** Blumen.

Kreise ein: Wo sind **3** Blumen im Topf?

Male **3** Blumen in den Garten.

15

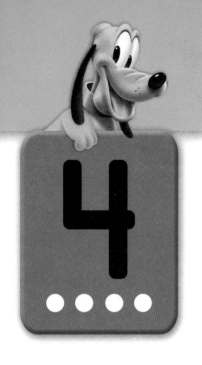

Wir lernen die Zahl 4

Male die Zahl 4 mit dem Finger: abwärts und quer, dann ein langer Strich abwärts.

Schreibe die Zahl 4. Fang jeden Strich am grünen Punkt an. Sage beim Schreiben den Namen der Zahl.

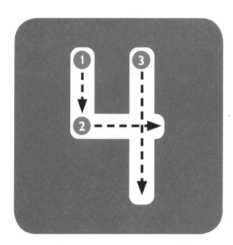

Übe weiter, die Zahl 4 zu schreiben.

Zähle **4** Bälle.

Kreise ein: Wovon sind **4** zu sehen?

Male **4** Wolken an den Himmel.

Wir lernen die Zahl 5

Male die Zahl 5 mit dem Finger: abwärts, einen runden Bauch dran, oben einen Querstrich.

Schreibe die Zahl 5. Fang jeden Strich am grünen Punkt an. Sage beim Schreiben den Namen der Zahl.

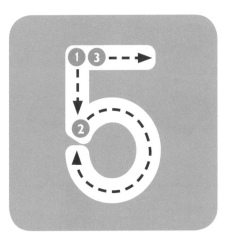

Übe weiter, die Zahl 5 zu schreiben.

Zähle **5** Freunde.

Kreise ein: Wovon sind **5** zu sehen?

Male **5** Dinge zum Essen oder Trinken für Minni.

Wir zählen
1, 2, 3, 4, 5

Micky bekommt einen Kuss!

Zähle die Herzen.
Schreibe die richtige
Zahl daneben.

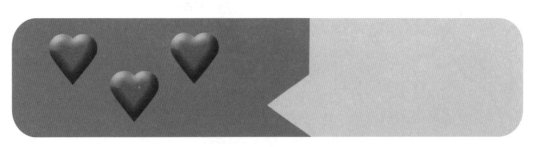

Minni zählt Fische.
Kannst Du ihr helfen?

Schau Dir jedes Bild an.
Zähle die Fische.
Schreibe die Zahl neben
das Bild.

Wir zählen
1, 2, 3, 4, 5

Welche Zahl fehlt?
Schreibe die richtige Zahl
an die leere Stelle.

1 ☐ 3 4 5

1 2 3 ☐ 5

☐ 2 3 4 5

1 2 3 4 ☐

1 2 ☐ 4 5

Sieh Dir die Zahlen an. Zähle die Schafe.
Verbinde die Schafe mit der richtigen Zahl.

Daisy sagt: „Jetzt haben wir die Zahlen bis fünf gelernt. Aber Pluto ist immer noch nicht da."
Donald sagt: „Ich habe eine Idee. Wir machen eine Ballonfahrt. Vielleicht können wir Pluto von da oben entdecken."

Wir zählen 1, 2, 3, 4, 5

Welche Felder zeigen die Zahl 1 oder 1 Tier? Male sie rot an.
Welche Felder zeigen die Zahl 2 oder 2 Tiere? Male sie gelb an.
Welche Felder zeigen die Zahl 3 oder 3 Tiere? Male sie blau an.
Welche Felder zeigen die Zahl 4 oder 4 Tiere? Male sie grün an.
Welche Felder zeigen die Zahl 5 oder 5 Tiere? Male sie lila an.
Die erste Aufgabe haben wir schon für Dich gelöst.

Wie viele Raketen zählst Du auf jedem Bild?
Verbinde das Bild mit der richtigen Zahl.

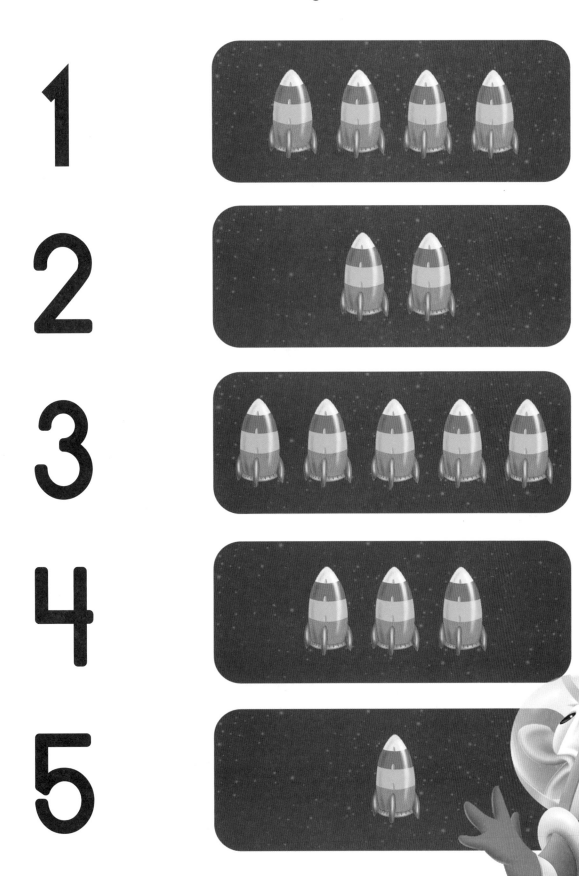

Wir zählen
1, 2, 3, 4, 5

Daisy begießt die Blumen.
Komm, wir zählen die Blumen.

Schau Dir jedes Bild an.
Zähle die Blumen.
Schreibe die Zahl neben
das Bild.

Donald geht spazieren.
Wir zählen die Bäume, die er unterwegs sieht.

Schau Dir jedes Bild an.
Zähle die Bäume.
Schreibe die Zahl neben
das Bild.

Micky sagt: „Wir konnten Pluto vom Ballon aus nicht sehen. Jetzt nehmen wir das Auto und suchen ihn in der Stadt."
„Ich packe einen Picknickkorb", sagt Minni.
„Prima Idee", sagt Daisy.

Wir üben
die Zahlen 1–5

Wie oft ist Micky in jeder Reihe zu sehen?
Zähle genau nach!

1

2

3

4

5

Wir lernen die Zahl 0

Male die Zahl 0 mit dem Finger: links im Bogen abwärts, rechts im Bogen aufwärts.

Schreibe die Zahl 0. Fang jeden Strich am grünen Punkt an. Sage beim Schreiben den Namen der Zahl.

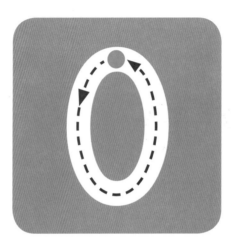

Übe weiter, die Zahl 0 zu schreiben.

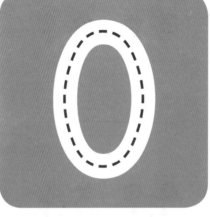

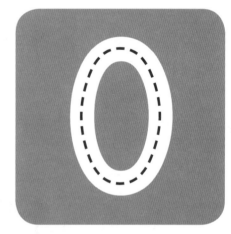

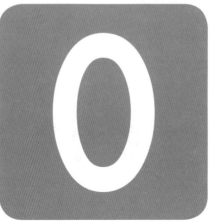

Wir zählen
1, 2, 3, 4, 5

Lies die Zahlen.
Schau Dir die Bildersticker an.
Klebe einen passenden Sticker auf.

1

2

3

4

5

Die Freunde halten am Zoogeschäft an. Dahin geht Pluto besonders gern. Kannst Du ihn bei den Halsbändern oder Spielsachen sehen? Versteckt er sich hinter dem Futter? Wie viele Knochen kannst Du sehen?

ZOO-GESCHÄ

„Ich sehe ihn nirgends", sagt Micky.
„Fahren wir weiter an den Strand!"

Wir lernen die Zahl 6

Male die Zahl 6 mit dem Finger: im Bogen abwärts, dann einen kleinen Kreis.

Schreibe die Zahl 6. Fang jeden Strich am grünen Punkt an. Sage beim Schreiben den Namen der Zahl.

Übe weiter, die Zahl 6 zu schreiben.

Zähle **6** Frösche.

Kreise ein: Wovon sind **6** zu sehen?

Male **6** Schmetterlinge. Wird Donald einen fangen?

Wir lernen die Zahl 7

Male die Zahl 7 mit dem Finger: erst quer, dann schräg abwärts.

Schreibe die Zahl 7. Fang jeden Strich am grünen Punkt an. Sage beim Schreiben den Namen der Zahl.

Übe weiter, die Zahl 7 zu schreiben.

Zähle **7** Hundehütten.

Kreise ein: Wovon sind **7** zu sehen?

Male **7** Knochen für Pluto.

Wir lernen die Zahl 8

Male die Zahl **8** mit dem Finger: einen Kreis, darunter gleich noch einen.

Schreibe die Zahl **8**. Fang jeden Strich am grünen Punkt an. Sage beim Schreiben den Namen der Zahl.

Übe weiter, die Zahl **8** zu schreiben.

Zähle **8** Luftballons.

Kreise ein: Wo sind **8** Ballons zu sehen?

Male **8** Kerzen auf die Torte.

Wir lernen die Zahl 9

Male die Zahl 9 mit dem Finger: einen kleinen Kreis, dann schräg abwärts.

Schreibe die Zahl 9. Fang jeden Strich am grünen Punkt an. Sage beim Schreiben den Namen der Zahl.

Übe weiter, die Zahl 9 zu schreiben.

Zähle **9** Bienen.

Kreise ein: Wovon sind **9** zu sehen?

Male **9** Dinge für ein Picknick.

43

Wir lernen die Zahl 10

Male die Zahl 10 mit dem Finger: auf- und abwärts, dann im Bogen abwärts und wieder hinauf.

Schreibe die Zahl 10. Fang jeden Strich am grünen Punkt an. Sage beim Schreiben den Namen der Zahl.

Übe weiter, die Zahl 10 zu schreiben.

Zähle 10 Törtchen.

Kreise ein: Wovon sind 10 zu sehen?

Male 10 Törtchen.

Wir zählen
6, 7, 8, 9, 10

Zähle die Butterbrote.
Schreibe die richtige
Zahl daneben.

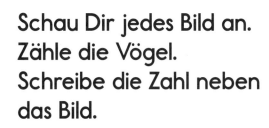
Donald zählt Vögel.
Kannst Du ihm helfen?

Schau Dir jedes Bild an.
Zähle die Vögel.
Schreibe die Zahl neben
das Bild.

47

Wir zählen
6, 7, 8, 9, 10

Welche Zahl fehlt?
Schreibe die richtige Zahl
an die leere Stelle.

6 ⬚ 8 9 10

6 7 8 ⬚ 10

⬚ 7 8 9 10

6 7 ⬚ 9 10

6 7 8 9 ⬚

Lies jede Zahl.
Schau Dir die Bildersticker an.
Klebe in jedes Feld den passenden Sticker.

6

7

8

9

10

Wir zählen
6, 7, 8, 9, 10

Welche Felder zeigen die Zahl 6 oder 6 Tiere? Male sie orange an.
Welche Felder zeigen die Zahl 7 oder 7 Tiere? Male sie blau an.
Welche Felder zeigen die Zahl 8 oder 8 Tiere? Male sie lila an.
Welche Felder zeigen die Zahl 9 oder 9 Tiere? Male sie rot an.
Welche Felder zeigen die Zahl 10 oder 10 Tiere? Male sie grün an.
Die erste Aufgabe haben wir schon für Dich gelöst.

Wir üben die Zahlen 1–10

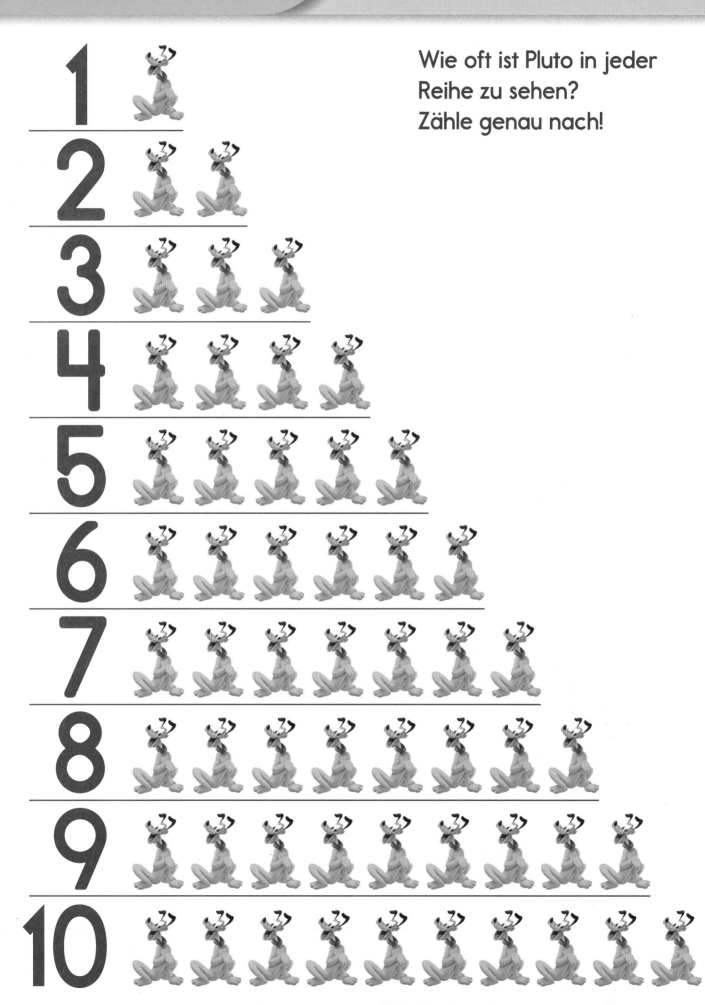

Wie oft ist Pluto in jeder Reihe zu sehen? Zähle genau nach!

1
2
3
4
5
6
7
8
9
10

Na endlich! Die Freunde haben Pluto am Strand gefunden.
Und was sehen sie noch?
Zähle die Wale. Zähle die Muscheln.
Zähle die Seesterne. Zähle die Krabben.
Zähle die Delfine. Zähle die Vögel.

Alle rufen: „Hurra, wir haben Pluto gefunden!"
„Kommt, wir spielen im Sand und im Wasser",
sagt Micky. „Lasst uns picknicken", schlägt Goofy vor.
„Ich habe Hunger. Und durstig bin ich auch."

Lösungen

1 2 3 4 5

Zähle **1** Hut.

Kreise ein: Wo ist **1** einzelner Hut zu sehen?

Zeichne **1** Mütze auf Goofys Kopf.

11

1 **2** 3 4 5

Zähle **2** Freunde.

Kreise ein: Wovon sind **2** zu sehen?

Zeichne **2** Drachen.

13

1 2 **3** 4 5

Zähle **3** Blumen.

Kreise ein: Wo sind **3** Blumen im Topf?

Male **3** Blumen in den Garten.

15

1 2 3 **4** 5

Zähle **4** Bälle.

Kreise ein: Wovon sind **4** zu sehen?

Male **4** Wolken an den Himmel.

17

① ② ③ ④ ⑤

Zähle ⑤ Freunde.

Kreise ein: Wovon sind ⑤ zu sehen?

Male ⑤ Dinge zum Essen oder Trinken für Minni.

19

Wir zählen
1, 2, 3, 4, 5

Micky bekommt einen Kuss!

Zähle die Herzen.
Schreibe die richtige
Zahl daneben.

5

2

1

3

4

20

① ② ③ ④ ⑤

Minni zählt Fische.
Kannst Du ihr helfen?

Schau Dir jedes Bild an.
Zähle die Fische.
Schreibe die Zahl neben
das Bild.

1

3

2

5

4

21

Wir zählen
1, 2, 3, 4, 5

Welche Zahl fehlt?
Schreibe die richtige Zahl
an die leere Stelle.

1   2   3   4   5

1   2   3   4   5

1   2   3   4   5

1   2   3   4   5

1   2   3   4   5

22

Lösungen

① ② ③ ④ ⑤

Sieh Dir die Zahlen an. Zähle die Schafe.
Verbinde die Schafe mit der richtigen Zahl.

Wir zählen
1, 2, 3, 4, 5

Welche Felder zeigen die Zahl 1 oder 1 Tier? Male sie rot an.
Welche Felder zeigen die Zahl 2 oder 2 Tiere? Male sie gelb an.
Welche Felder zeigen die Zahl 3 oder 3 Tiere? Male sie blau an.
Welche Felder zeigen die Zahl 4 oder 4 Tiere? Male sie grün an.
Welche Felder zeigen die Zahl 5 oder 5 Tiere? Male sie lila an.
Die erste Aufgabe haben wir schon für Dich gelöst.

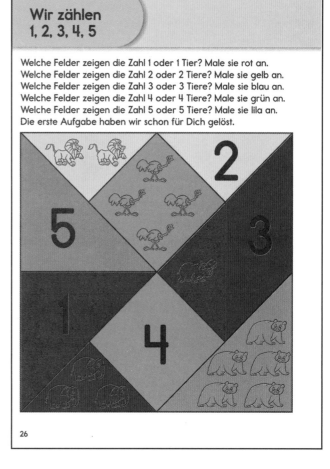

26

① ② ③ ④ ⑤

Wie viele Raketen zählst Du auf jedem Bild?
Verbinde das Bild mit der richtigen Zahl.

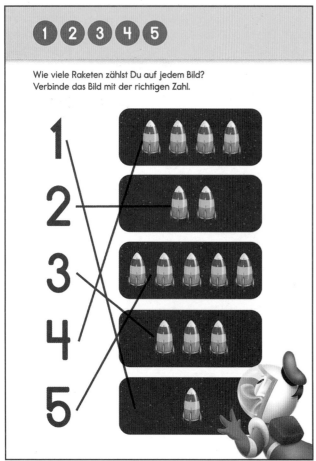

Wir zählen
1, 2, 3, 4, 5

Daisy begießt die Blumen.
Komm, wir zählen die Blumen.

Schau Dir jedes Bild an.
Zähle die Blumen.
Schreibe die Zahl neben
das Bild.

28

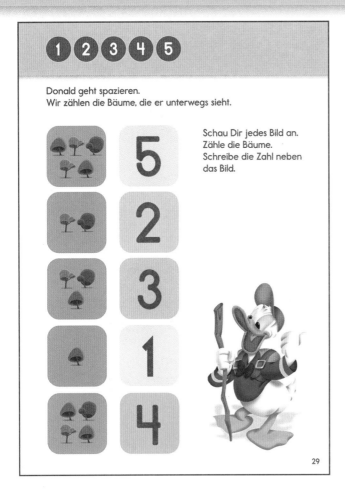

1 2 3 4 5

Donald geht spazieren.
Wir zählen die Bäume, die er unterwegs sieht.

Schau Dir jedes Bild an.
Zähle die Bäume.
Schreibe die Zahl neben
das Bild.

5
2
3
1
4

29

Wir zählen
1, 2, 3, 4, 5

Lies die Zahlen.
Schau Dir die Bildersticker an.
Klebe einen passenden Sticker auf.

1
2
3
4
5

1 2 3 4 5 6 7 8 9 10

Zähle 6 Frösche.

Kreise ein: Wovon sind 6 zu sehen?

Male 6 Schmetterlinge. Wird Donald einen fangen?

37

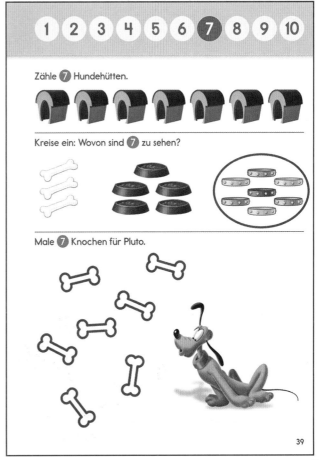

1 2 3 4 5 6 7 8 9 10

Zähle 7 Hundehütten.

Kreise ein: Wovon sind 7 zu sehen?

Male 7 Knochen für Pluto.

39

Lösungen

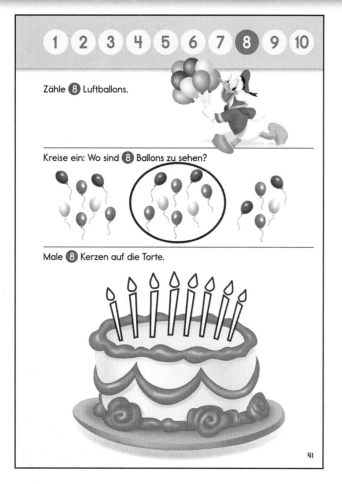

① ② ③ ④ ⑤ ⑥ ⑦ **⑧** ⑨ ⑩

Zähle **8** Luftballons.

Kreise ein: Wo sind **8** Ballons zu sehen?

Male **8** Kerzen auf die Torte.

41

① ② ③ ④ ⑤ ⑥ ⑦ ⑧ **⑨** ⑩

Zähle **9** Bienen.

Kreise ein: Wovon sind **9** zu sehen?

Male **9** Dinge für ein Picknick.

43

① ② ③ ④ ⑤ ⑥ ⑦ ⑧ ⑨ **⑩**

Zähle **10** Törtchen.

Kreise ein: Wovon sind **10** zu sehen?

Male **10** Törtchen.

45

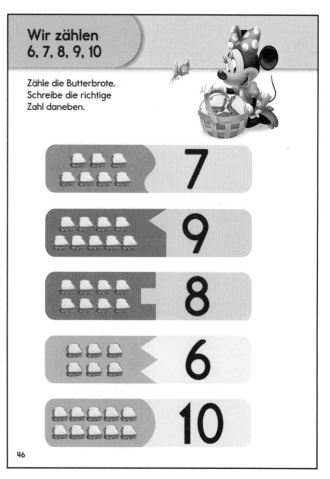

Wir zählen
6, 7, 8, 9, 10

Zähle die Butterbrote.
Schreibe die richtige
Zahl daneben.

7

9

8

6

10

46

1 2 3 4 5 6 7 8 9 10

Donald zählt Vögel.
Kannst Du ihm helfen?

Schau Dir jedes Bild an.
Zähle die Vögel.
Schreibe die Zahl neben
das Bild.

8

9

7

10

6

47

Wir zählen
6, 7, 8, 9, 10

Welche Zahl fehlt?
Schreibe die richtige Zahl
an die leere Stelle.

6 **7** 8 9 10

6 7 8 **9** 10

6 7 8 9 10

6 7 **8** 9 10

6 7 8 9 **10**

48

1 2 3 4 5 6 7 8 9 10

Lies jede Zahl.
Schau Dir die Bildersticker an.
Klebe in jedes Feld den passenden Sticker.

6

7

8

9

10

Wir zählen
6, 7, 8, 9, 10

Welche Felder zeigen die Zahl 6 oder 6 Tiere? Male sie orange an.
Welche Felder zeigen die Zahl 7 oder 7 Tiere? Male sie blau an.
Welche Felder zeigen die Zahl 8 oder 8 Tiere? Male sie lila an.
Welche Felder zeigen die Zahl 9 oder 9 Tiere? Male sie rot an.
Welche Felder zeigen die Zahl 10 oder 10 Tiere? Male sie grün an.
Die erste Aufgabe haben wir schon für Dich gelöst.

50

Noch mehr Lernspiele für Eltern und Kinder

Möchten Sie das Zahlen- und Mengenverständnis Ihres Kindes noch besser unterstützen? Hier finden Sie Ideen.

Zahlen im Alltag

- Zählen Sie beim Tischdecken Teller, Gabeln etc.
- Zählen Sie beim Treppensteigen die Stufen.
- Zählen Sie die Leute, die an der Kasse oder der Bushaltestelle warten.
- Lesen Sie Zahlen auf Bussen oder Auto-Nummernschildern.

Zahlenbuch

- Schneiden Sie mit Ihrem Kind Bilder von Micky-Maus-Figuren und andere Motive aus und kleben Sie diese in ein Heft. Zählen Sie die Seiten und lassen Sie das Kind die Seitenzahlen aufschreiben. Schauen Sie gemeinsam nach, auf welcher Seite die meisten oder die wenigsten Bilder eingeklebt sind.

Sachen sammeln

- Sammeln Sie Blätter, Stöckchen, Federn, Muscheln oder Steine. Sortieren Sie die Dinge nach Größe, Farbe oder Form. Zählen Sie mit dem Kind, wie viele Dinge jede Gruppe umfasst. Und wie viele sind es insgesamt?

Zahlen schreiben

• Füllen Sie einen flachen Kasten mit Sand und Flitter. Darin soll das Kind mit dem Finger oder einem kleinen Stock die Zahlen schreiben. Schauen Sie die Form der Zahlen gemeinsam an. Haben sie gerade Linien oder Bögen? Danach einfach den Kasten rütteln und eine neue Zahl schreiben.

Zahlenspiele

• Ihr Kind flüstert Ihnen eine Zahl ins Ohr. Sie verstecken entsprechend viele Gegenstände im Haus. Geben Sie dem Kind Zeit, diese zu suchen. Dann werden die Rollen getauscht. Lustig ist auch das Nachmachspiel „Micky sagt": Micky sagt: Tipp 2-mal an Deine Nase. Micky sagt: Stampf 3-mal mit dem Fuß auf. Micky sagt: Dreh Dich 5-mal im Kreis herum.

Zahlenspiele im Alltag

- Sortieren Sie gemeinsam Wäsche.
  Legen Sie T-Shirts, Unterhosen, Socken und
  andere Stücke auf getrennte Haufen.
  Nun soll das Kind raten, wie viele Stücke
  jeder Haufen umfasst. Dann wird nach-
  gezählt. In welchem Haufen liegen die
  meisten Stücke? In welchem die wenigsten?

- Bei kleinen Zwischenmahlzeiten kann man prima zählen.
  Legen Sie eine Handvoll Kekse oder Weintrauben auf zwei
  Teller. Das Kind zählt, wie viele auf jedem Teller sind. Wie viele
  Kekse oder Weintrauben fehlen, damit auf beiden Tellern
  gleich viele liegen?